AF313548

ATELIER

LOUIS CARRIER-BELLEUSE

CATALOGUE

DES

TABLEAUX, PASTELS, DESSINS

ET TERRES CUITES

PAR LOUIS CARRIER-BELLEUSE

TABLEAUX

PAR GUILLEMET, RAPIN, TANZI

SCULPTURES, PAR A. CARRIER-BELLEUSE

Faïences et Porcelaines diverses

COLLECTION D'ÉTAINS ANCIENS ET MODERNES

CUIVRES, BRONZES

Objets divers

SIÈGES & MEUBLES

ANCIENS ET MODERNES

Composant l'Atelier de

LOUIS CARRIER-BELLEUSE

Et dont la Vente, PAR SUITE DE DÉCÈS, aura lieu à Paris

HOTEL DROUOT, SALLE N° 1

LE MARDI 16 DÉCEMBRE 1913

A deux heures

COMMISSAIRE-PRISEUR	EXPERTS
Me F. LAIR-DUBREUIL	MM. DUCHESNE & DUPLAN
6, rue Favart	10, rue Rossini

EXPOSITIONS

Les Dimanche 14 et Lundi 15 Décembre 1913, de 2 h. à 6 h.

CONDITIONS DE LA VENTE

Elle sera faite au comptant.

Les adjudicataires paieront *dix pour cent* en sus des enchères.

Paris. — Imp. de l'Art, Ch. BERGER, 41, rue de la Victoire.

LOUIS CARRIER-BELLEUSE

PEINTRE, SCULPTEUR, CÉRAMISTE

« . . . .

« . . . . Louis Carrier-Belleuse avait toutes
« les qualités du cœur et de l'esprit; il a été,
« pendant un demi-siècle, un artiste laborieux,
« consciencieux, vaillant, enthousiaste de son
« art et amoureux de Paris.

« Il faudrait, pour louer comme il convient
« le souple et remarquable talent de Louis, le
« témoignage si compétent de son frère cadet,
« Pierre Carrier-Belleuse, le maître-pastelliste,
« qui lui aussi a recueilli, avec son aîné, et le
« conserve intact, le glorieux héritage d'un père
« illustre.

« Nul, plus que Louis Carrier-Belleuse n'a
« justifié cette définition célèbre de « Léonard
« de Vinci », que l'artiste doit être universel
« et ne pas s'enfermer dans une spécialité.
« Avec une ardeur infatigable, pendant de lon-
« gues années, il s'est prodigué, peintre accom-
« pli, sculpteur exercé, céramiste renommé.

« Les « Bitumiers » au Luxembourg attes-

« tent sa maîtrise picturale ; de nombreux mo-
« numents portent la marque de son habileté
« de statuaire ; les concours nationaux de
« Sèvres ont conservé son ingéniosité experte.
« Combien de compositions décoratives de belle
« allure et d'un ensemble harmonieux, répan-
« dues à travers le monde, n'ont-elles pas vul-
« garisé un nom trois fois célèbre dans les
« fastes de l'art.

« De tous les éloges que pouvait recueillir
« Louis Carrier-Belleuse, celui dont il était le
« plus fier et qui lui allait le plus au cœur,
« était de continuer la tradition paternelle, tout
« en restant fidèle à un merveilleux enseigne-
« ment pratique auquel il devait tout.

« Il avait su innover à sa manière et con-
« quérir des titres à la maîtrise de son art
« varié et multiforme par la grâce du mouve-
« ment, la légèreté des draperies, le sens de
« la composition originale et élevée.

« . . . . »

(Extrait du discours prononcé aux obsèques de l'artiste par
M. Paul Strauss, sénateur de la Seine.)

DÉSIGNATION

Œuvres de L. Carrier=Belleuse

TABLEAUX

1 — *Paysage : Vue de la Cale à Saint-Servan.*
        Haut., 50 cent.; larg., 55 cent.

2 — *Paysage : Une Rue à Neuilly-Saint-Front avec fillettes au premier plan.*
        Haut., 50 cent.; larg., 65 cent.

3 — *Paysage : L'Ile de Bréhat.*
    Toile.

4 — *Nymphe et Jeune enfant jouant du tambourin.*
    Étude pour panneau décoratif.
    Toile.

5-6 — *Deux marines se faisant pendants.*
    Toiles.

7 — *Paysage: Petite Ruelle à Neuilly-Saint-Front.*

Au premier plan, un pan de muraille fleurie.

Toile. Haut., 55 cent.; larg., 44 cent.

8 — *Paysage : Vue de Wissant.*

Au premier plan, une paysanne assise dans l'herbe.

Toile. Haut., 52 cent.; larg., 71 cent.

9 — *Lavoir à Dinard.*

Sur les bords d'un ruisseau ombragé, des femmes lavent leur linge en devisant entre elles; au second plan, une baraque.

Toile. Haut., 44 cent ; larg., 64 cent.

10 — *Paysage : Vue d'une Ruelle à Neuilly-Saint-Front (Aisne) avec femme et enfants mendiant.*

Toile. Haut., 44 cent.; long., 63 cent.

11 — *Paysage : Vue de la Tour Solidor à Saint-Servan (Bretagne.)*

Toile. Haut., 47 cent.; larg., 72 cent.

12 — *La Jeune Collectionneuse.*

Une femme habillée de rouge procède au nettoyage d'une collection de vases en cuivre, en étain et en céramique. Daté : *1912.*

Toile. Haut., 72 cent.; larg., 53 cent.

13 — *Le Page au chat.*

Un jeune garçon vêtu d'un costume florentin frappe sur une bassinoire, tandis qu'un chat noir semble goûter médiocrement ce concert diabolique.

Toile. Haut., 68 cent.; larg., 62 cent.

14 — *Intérieur de ferme.*

Dans un coin de cour de ferme se tient une paysanne ; auprès d'elle, sur un fumier, on voit de nombreuses volailles.

15-16 — *Le Rétameur. — Le Vieux Guitariste.*

Deux toiles se faisant pendants.

Haut., 2 mètres ; larg., 1 m. 10 cent.

17 — « *Au Cabestan* ».

Sur la plage d'Yport, des marins et des pêcheuses hâlent au cabestan des barques sur les galets.

Toile. Haut., 1 m. 20 cent ; larg., 2 mètres.

18 — *Une Rue à Dinan.*

Des touristes se promènent devant des boutiques d'antiquaires dans une vieille rue de Dinan (Bretagne).

Toile. Haut., 1 mètre ; larg., 1 m. 30 cent.

PASTELS ET DESSINS

19 — Suite de huit dessins au crayon noir rehaussé;
études pour les tableaux : les Fariniers, le
Bitumier, et projet de plafond.

20 — Deux dessins rehaussés et aquarelle : projets
de cheminée monumentale.

21 — Dessin au crayon noir : projet d'affiche.

22-23 — Dix études au crayon blanc sur papier
bistre : projets de décoration et d'appareils
d'éclairage. (Seront divisées.)

24 — Trois études au pastel sur papier bistre :
projets de fontaine monumentale et de surtouts
de table.

25 — Sept dessins au crayon blanc ou au pastel sur
papier bistre; études et projets de vases et
pièces de surtout.

26 à 28 — Dix études au crayon blanc sur papier
bistre; études et projets de torchères, jardi-
nières et vases d'orfèvrerie. (Seront divisées.)

CABIÉ (Louis)

29 — *Paysage des bords de la Gironde.*
Signé avec dédicace et daté : *1894.*

GUILLEMET

30 — *Paysage breton.*

RAPIN

31 — *Paysage avec cours d'eau.*
Toile.

TANZI

32-33 — *Deux paysages se faisant pendants :*
Torrents dans le Dauphiné.

Œuvres de A. Carrier=Belleuse

SCULPTURES

34 — La Nuit. Plâtre original patiné.

35 — George Sand. Buste original en plâtre teinté,
modèle du buste en marbre du foyer de la
Comédie-Française.

36 — Femme voilée. Buste en plâtre.

37 — Statuette : Portrait en pied du peintre Dela-
croix. Plâtre patiné.

38 — L'Automne. Statue en plâtre teinté.

Haut., 1 m. 50 cent.

39 — Maquette en plâtre du monument d'Ingres.

40 — Camille Desmoulins haranguant la foule au
Palais-Royal. Plâtre pâtiné.

41 — Maquette de la statue du Maréchal Masséna
à Nice. Plâtre teinté.

TERRES CUITES

42 — Bacchante au Terme. (Réduction de la statue placée au jardin des Tuileries.)

43 — Angélique. Terre cuite.

44 — Triton et Bacchante. Terre cuite teintée. Groupe.

45 — Éducation du faune. Groupe en terre cuite.

46 — L'Enlèvement. Groupe en terre cuite.

47 — Le Triomphe de Silène. Groupe en terre cuite.

48 — Bacchanale. Groupe en terre cuite.

49 — Le Fardeau. Groupe à trois personnages. Terre cuite.

50 — Offrande à Bacchus. Groupe en terre cuite.

51 — La Danse. Statuette en terre cuite.

52 — Hygia. Buste en terre cuite.

53 — Beethoven et Mozart. Deux bustes en terre cuite.

54 — La Ronde d'Amours. Groupe en terre cuite.

55 — Eurydice, Cléopâtre, Phryné, Égérie. Quatre statuettes en terre cuite.

56 — Statuette. Portrait en pied d'Alexandre Dumas. Terre cuite.

Œuvres de Louis Carrier=Belleuse

57 — Buste de Scott, fondateur d'Enghien. Plâtre patiné. Daté : *1898*.

58 — La Ronde d'enfants. Groupe en terre cuite.

59 — Nymphe jouant avec des enfants et des jeunes faunes. Groupe en terre cuite.

60 — Psyché. Statuette en terre cuite.

61 — Hébé. Statuette en terre cuite.

62 — La Liseuse. Groupe en terre cuite.

FAIENCES, PORCELAINES

63 — Deux pièces en ancienne faïence italienne :
vase à déversoir et vase-rouleau.

64 — Pichet en grès brun, décor en relief sur la
panse. Monture en étain.

65 — Grand pichet en grès brun. Décor en relief.

66 — Fontaine d'angle en ancienne faïence de Rouen ;
décor polychrome et bassin en forme de coquille
en ancienne faïence italienne.

67 — Médaillon en biscuit de Sèvres : profil du Maréchal de Mac-Mahon.

68 — Pot à tabac en terre cuite originale rehaussée ;
le piédouche est entouré de figures de femmes
et d'enfants ; le couvercle en marbre est sur-
monté d'une statuette d'enfant en bronze.

69-70 — Lot d'assiettes et plats en faïence décorée
ancienne et moderne.

71-72 — Lot de pots et pichets en faïence décorée
ancienne et moderne.

ÉTAINS

ANCIENS ET MODERNES

73 à 85 — Environ soixante pièces en étain ; fontaines, bassins, soupières, canettes, pichets, aiguières, verseuses, bouilloires, vases, saucières, pintes, gobelets, plats et assiettes.

CUIVRES, BRONZES

OBJETS DIVERS

86 — Grand plat en cuivre poli et repoussé, décoré
au centre d'un médaillon à personnages et sur
le marli de bossages et fleurs de lys.

87 — Jardinière en cuivre à panse godronnée.

88 — Petite fontaine en cuivre poli. Époque
Louis XV.

89 — Deux lampes juives en cuivre poli. Flandre,
XVIIᵉ siècle.

90 — Deux bassines en cuivre, dont une à godrons
repoussés.

91 — Grande lampe d'autel en bronze repoussé et
argenté, décor à coquilles, épis et fruits, offrant
aux points de suspension des chaînettes, trois
bustes-cariatides, figures d'enfants.

92 --- Deux lampes flamandes en cuivre poli.
XVIIᵉ siècle.

93 — Verseuse tripode en cuivre argenté. Époque
Louis XV.

94 — Deux petits flambeaux en cuivre poli. xviiie siècle.

95 à 97 — Lot de pièces anciennes et modernes, en cuivre et fer forgé : verseuses, bassinoires, chauffe-mains, grils, etc.

98 — Cage hollandaise en cuivre poli.

99 — Lampe de parquet en cuivre, pied en fer forgé.

100 — Moulage en bronze de la main d'Alexandre Dumas père.

101 — Pendule à colonnes en marbre blanc avec applications et ornements en bronze ciselé et doré ; motifs à cariatides de femmes, enfants, guirlandes et draperie. Cadran signé de *Arera*. Commencement du xixe siècle.

MEUBLES ET SIÈGES

102 — Table à développement en noyer. xviie siècle.

103 — Couchette bretonne en bois mouluré avec tiroirs aux accotoirs et dans le socle.

104 — Petite armoire d'applique en noyer sculpté et ciré, offrant un fronton accoté de deux consoles. xviie siècle.

105 — Coffre en bois sculpté. Commencement du xviie siècle.

106-107 — Deux buffets vaisseliers en chêne, le bas s'ouvrant à deux vantaux. xviie siècle.

108 — Bahut en bois sculpté à colonnes cannelées, fronton à frise ; il s'ouvre à quatre vanteaux et un tiroir dans le bas. Commencement du xviie siècle.

109 — Armoire à deux corps en noyer mouluré et ciré ; fronton à frise et tête d'amours ; elle s'ouvre à quatre vantaux dont deux vitrés dans le haut et deux tiroirs. xviie siècle.

110 — Armoire en chêne sculpté à portes pleines, décor à motif de corbeille fleurie, fleurs et coquilles. xviiie siècle.

111-112 — Deux grandes armoires anciennes en bois mouluré et ciré. xviiie siècle.

113 — Glace psyché en acajou à fileté de cuivre, de style Louis XVI.

114 — Table à pieds tournés en noyer. Commencement du xviie siècle.

115 — Petit bureau à abattant en acajou ; entrées de serrure et tirettes en cuivre poli. Travail anglais, commencement du xixe siècle.

116 — Table à développemeut avec piètement à colonnes en noyer. Commencement du xviie siècle.

117 — Deux fauteuils en noyer, dossiers à médaillons. Époque Louis XVI.

118 — Fauteuil en noyer tout garni de cuivre et clouté. xviie siècle.

119 à 121 — Lot de chevalets de peintre ; selles de sculpteur et gaines.

122 — Horloge régulateur à gaine en chêne mouluré et ciré. xviiie siècle.

123 — Grande glace avec cadre en fer forgé.

124 — Objets non catalogués.

9 782329 538723